PRÉFECTURE DU DÉPARTEMENT DE LA SEINE.

RAPPORT

A MESSIEURS LES MEMBRES DE LA COMMISSION

DE L'ENSEIGNEMENT DU DESSIN

A LA PRÉFECTURE DE LA SEINE.

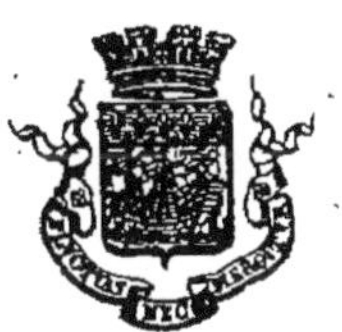

PARIS,

CHARLES DE MOURGUES FRÈRES,

IMPRIMEURS DE LA PRÉFECTURE DE LA SEINE,

RUE J.-J.-ROUSSEAU, 58.

1874

RAPPORT

A MESSIEURS LES MEMBRES DE LA COMMISSION.

DE L'ENSEIGNEMENT DU DESSIN

A LA PRÉFECTURE DE LA SEINE.

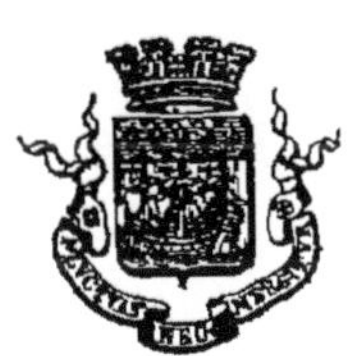

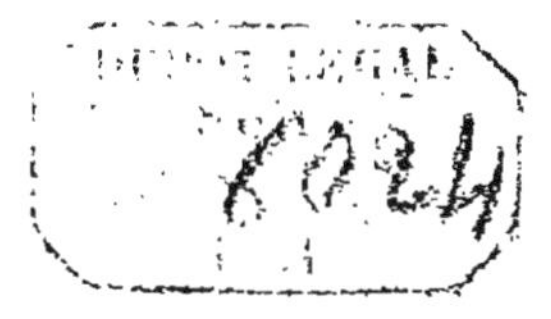

PARIS,

CHARLES DE MOURGUES FRÈRES,

IMPRIMEURS DE LA PRÉFECTURE DE LA SEINE,

RUE J.-J.-ROUSSEAU, 58.

1874

RAPPORT

A MESSIEURS LES MEMBRES DE LA COMMISSION

DE L'ENSEIGNEMENT DU DESSIN

A LA PRÉFECTURE DE LA SEINE.

Messieurs,

Vous m'avez chargé de vous rendre compte des programmes d'enseignement du dessin, qu'aux termes de l'article 1er de l'arrêté préfectoral en date du 17 janvier dernier, les professeurs des écoles subventionnées doivent fournir pour être soumis à l'approbation de M. le Préfet.

J'ai examiné avec soin ces divers programmes, je les ai comparés entre eux, j'en ai fait l'application aux professions des élèves qui fréquentent les écoles subventionnées, et j'ai acquis cette conviction que l'examen, quelque scrupuleux qu'il soit, ne peut amener à aucune appréciation certaine, attendu que, dans presque toutes ces écoles, l'enseignement est le même, aussi complet que les connaissances du professeur ont pu le permettre, ce qui est nécessaire en raison de la variété des carrières professionnelles qui y prennent part. Pour reconnaître que les cours dont il s'agit rendent tous les services qu'on en attend, il faut supposer que chaque élève sait parfaitement ce qui lui est propre, et qu'il dirige lui-même ses études dans le sens qui convient à la profession qu'il s'est choisie. Il faut admettre, en un mot, que le mécanicien, par exemple, ne dessine pas la figure humaine et que le menuisier, de son côté, n'étudie pas l'anatomie ou la perspective.

Mais il est une circonstance qui ne permet pas d'apprécier la valeur de ces programmes, c'est la brièveté de leur rédaction. Pour les écoles de garçons, et pour la plupart des écoles de filles, on a produit simplement une nomenclature des matières enseignées, sans accompagner cette liste d'un développement qui montrerait que le professeur possède une philosophie de son enseignement, basée sur l'intelligence moyenne de ses élèves et sur le but qu'ils poursuivent. Aussi, on se demande pourquoi l'Inspection générale de ces écoles permet l'étude de l'anatomie et de la perspective rue des Petits-Hôtels, et ne l'autorise ou ne la prescrit pas avenue de la Reine-Hortense. Tout cet enseignement me semble donc un peu abandonné au hasard et résulter bien plus du goût et des aptitudes des directeurs d'écoles que des besoins raisonnés des élèves. Je serais très-heureux de me tromper, mais il me paraît que si ces honorables professeurs avaient pris le soin de justifier et motiver leur direction d'études, ils ne s'exposeraient pas à ce que mon observation puisse les atteindre.

Il est toutefois une chose qui frappe dans la comparaison de ces programmes, c'est que pour presque tous, le dessin de la figure humaine occupe la première place, tandis que le dessin géométrique, quand il n'en est pas écarté, est relégué à un rang éloigné, comme un accessoire. Sans vouloir donner au classement des matières enseignées une importance considérable, n'est-on pas en droit de supposer que les préoccupations du professorat sont tournées plus spécialement vers le dessin qui étudie la nature plutôt que vers celui qui développe la raison et habitue l'esprit et la main à la recherche de la vérité et à la rectitude géométrique? Aussi, je me suis demandé quel était le but réel et vrai des écoles d'adultes de dessin, et si elles étaient subventionnées dans la pensée de servir d'écoles préparatoires à l'école des Beaux-Arts. Il est certain que les meilleurs élèves qui en sortent sont plus capables de subir les épreuves d'admission à l'Académie que de rendre des services réels dans les professions industrielles.

Le règlement du 16 février 1865, approuvé par le Ministre, organise cependant l'enseignement du dessin, au point de vue des écoles primaires et des classes d'apprentis ; dès lors, on peut supposer que cet enseignement s'adresse à l'ouvrier en général, qu'il n'a pas pour but de le détourner, au profit de l'art pur, de la carrière qu'il a embrassée et qu'il s'agit moins de faire des artistes que des ouvriers supérieurs, c'est-à-dire intelligents, adroits, précis, capables de suivre la direction d'art qu'on peut leur donner dans certaines industries, et dans tous les cas ayant des notions de goût suffisantes pour maintenir le travail national à la hauteur où sept siècles de production l'avaient élevé. Ce règlement, en un mot, supplée à l'apprentissage obligatoire qui n'existe plus, par une étude volontaire théorique, suffisamment attrayante et fructueuse, pour que chaque soir, à la sortie de l'atelier, le jeune ouvrier préfère suivre ces leçons utiles que de perdre son temps et son argent dans les désordres d'une grande ville.

En dépouillant la statistique du personnel des écoles subventionnées (hommes), on trouve que, sur les 935 élèves qui les fréquentent, les dessinateurs sur étoffe, les peintres-décorateurs, les bijoutiers, les graveurs sur métaux ou sur pierre, les sculpteurs sur bois, les peintres sur porcelaine, les tapissiers, les menuisiers, les ébénistes, les lithographes, etc., occupent 712 places ; le surplus est occupé par 27 élèves exerçant des professions manuelles, 133 des professions diverses, et 63 jeunes gens appartenant à des professions n'ayant qu'un rapport très-éloigné avec les arts du dessin ou ne s'y rattachant aucunement.

On doit admettre que cette dernière catégorie d'élèves se compose d'adultes ayant le goût du dessin comme art d'agrément, et s'étant fait inscrire dans un but analogue à celui de leurs camarades qui étudient le chant dans les cours d'orphéon. Cette étude comparée du personnel des écoles subventionnées montre que la presque unanimité de ceux qui les fréquentent ont une profession en main, qu'ils ne s'y font pas inscrire à titre d'étudiants ou d'élèves artistes, mais qu'un trop petit nombre d'ouvriers adonnés au bâtiment ou à l'industrie des machines prend part à cet enseignement.

Ce qui serait utile pour apprécier la valeur des études des écoles d'adultes de dessin, ce serait de pouvoir en suivre les conséquences au delà de l'école même, savoir, par exemple, ce que le dessinateur sur étoffe, l'orfévre ou l'ébéniste ont gagné à la fréquenter au profit de leur valeur personnelle et conséquemment du salaire qu'ils peuvent tirer du fruit de leurs études. Ma conviction, basée sur les travaux des élèves, est que ces écoles ne rendent pas tous les services qu'on pourrait en attendre, que leur enseignement n'attire pas un assez grand nombre d'ouvriers des industries manuelles et que leur direction artistique n'est pas suffisamment tournée vers l'art décoratif.

Je demande la permission de développer cette opinion.

S'il est bien admis que nos écoles de dessin ne sont pas faites pour former des artistes, mais que ce sont des écoles démocratiques où l'ouvrier doit puiser les éléments d'un perfectionnement que l'adresse de la main, la science du trait et le goût développé peuvent seuls lui donner, je dirai que ce n'est pas la figure humaine, d'après le modèle vivant et d'après les maîtres, qui doit être la base de l'enseignement qu'il reçoit, mais bien le dessin dit géométrique et le dessin géométrique envisagé depuis ses éléments rudimentaires jusqu'aux proportions et aux formes architecturales. L'industrie, c'est le façonnement de la matière à nos besoins ; or, la matière se façonne suivant des formes géométriques. L'architecture, qui est l'art de desservir les besoins de l'homme en élevant la solution jusqu'à la forme idéale, procède géométriquement. Mais il y a plus : tous les genres de dessin ont besoin de la géométrie comme tout esprit qui observe a besoin de la raison. Le dessin de la géométrie a cet immense avantage qu'il force la main à suivre l'impulsion de l'esprit, c'est-à-dire à obliger le jugement à intervenir dans cette œuvre des yeux et de la main qu'on appelle un dessin. Dès lors, la géométrie me semble le fondement de tout enseignement, la logique de toute œuvre manuelle et le guide éclairé de toute volonté qui veut produire ; en conséquence, elle doit être inscrite en tête du programme de l'enseignement des écoles d'apprentis.

En parlant de la géométrie, laissez-moi vous dire, Messieurs, ce que j'entends par le dessin géométrique.

Le dessin géométrique est aussi vaste ou aussi restreint qu'on le veut; il peut se borner à quelques principes ou les embrasser tous. Toutefois, je ne connais pas de profession, pas d'art même qui ne saurait tirer de grands profits de leur étude complète. Aussi, depuis la géométrie plane jusqu'à la géométrie à trois dimensions; depuis ce dessin conventionnel, si vrai pourtant et surtout si utile qu'on appelle le dessin géométral, jusqu'au tracé des ombres et à la perspective, que de sources fécondes d'observations accumulées, que de lois d'ajustement et de pénétration de corps démontrées, que de moyens pratiques mis à la disposition de l'homme de travail pour résoudre des questions de construction, de mécanique, d'art même pour la solution desquelles son intelligence, quelque développée par ailleurs qu'elle soit, serait demeurée impuissante! Mais, dira-t-on, ce dessin a sa place dans toutes les écoles et on l'enseigne partout. Eh bien! je dirai non; par goût et par profession, je hante les ateliers et les chantiers, et je constate l'ignorance absolue non-seulement des ouvriers, mais des patrons qui sont appelés à traduire nos dessins; la langue que nous leur parlons est incomprise et mal traduite, de sorte que ce n'est qu'à force d'explications, de tâtonnements et de retouches, que la matière prend la forme voulue. Il peut se faire que l'ouvrier fondeur sache dessiner une académie, mais, ce qu'il faut d'abord, c'est qu'il sache comprendre la pénétration de deux cylindres.

On m'objectera que, cet enseignement est fait dans les écoles subventionnées, et que si quelque chose manque, ce sont les modèles. Je dirai à cela que l'enseignement peut être fait, mais que, par le petit nombre de ceux qui le suivent, je réponds qu'il n'est pas donné généralement d'une façon attrayante; s'il en était ainsi, tous les ouvriers du bâtiment, ceux des ateliers de machines, suivraient ces cours avec ardeur. Mais on croit généralement qu'après avoir mis sous les yeux quelques modèles agrémentés d'un texte au-dessous, on a fait comprendre et aimer surtout cet *art du trait*, que nos pères connaissaient si bien et dont nos vieux monuments nationaux conservent la trace dans ces tours de force, de science et d'habileté géométrique qui nous ravissent. Nous avons pu proclamer des droits, décréter l'instruction publique, nous pourrons même organiser l'enseignement obligatoire, mais il s'écoulera encore de longs temps avant que l'intelligence et la science professionnelle de l'ouvrier soient à la hauteur où les avait placées le compagnonnage. Pour que le dessin géométrique soit remis en honneur, ce ne sont pas seulement les modèles qu'il faut, mais des professeurs qui soient eux-mêmes des modèles permanents et vivants, dessinant au tableau chaque objet et ne traçant pas une ligne sans dire la raison de l'opération et le moyen pratique d'y procéder. L'élève auditeur, muni d'un cahier de croquis, doit faire la preuve de sa compréhension et de son adresse de la main en rapportant sur le papier, pendant les heures de l'étude, l'épure, le tracé ou la représentation des corps, que le professeur a abordés ; de cette façon, les modèles ne sont plus des images dont le blanc et le noir sont mis à la correspondante place sur la copie. Le dessin qui en résultera peut être maladroit, c'est possible, mais ce sera un travail de raison et de jugement qui aura grandi l'esprit de l'élève, et qui, renouvelé, le mettra bien vite à la hauteur des problèmes si variés et si complexes de l'industrie et du luxe contemporains.

Je n'entreprendrai pas, Messieurs, de vous exposer la série et la variété des études qui procèdent de la géométrie, quelles en sont les applications industrielles et artistiques et quelles ressources ce dessin peut offrir à l'ouvrier et à l'artiste dans l'immense ensemble du travail moderne. Laissez-moi toutefois vous dire que, contrairement aux définitions administratives, ce dessin peut être appelé aussi bien le dessin d'*art* que tous les autres, attendu qu'il est la source de toutes les harmonies qui résultent des proportions, et qu'il est l'âme de l'art qui marque le mieux la trace du sentiment élevé de la beauté, je veux parler de l'architecture.

Si des industries qui relèvent plus spécialement du compas et de la règle, et le nombre en est considérable, nous passons aux industries qui ne se contentent pas de façonner plus ou moins heureusement la matière, mais qui l'ornent, que voyons-nous apparaître ? cette seconde forme du dessin, ce caprice réglé qu'on appelle l'*ornement*, composé de lignes rectilignes, de lignes curvilignes ou de formes empruntées à la flore ; il emploie pour nous séduire ces deux figures de la rhétorique du dessin qu'on appelle la *répétition* et l'*opposition*, et il met à contribution la forme et la couleur, le relief, les tons à plat et modelés, toutes choses qu'on n'enseigne dans nos écoles industrielles que d'une façon bien secondaire. Envisagez, Messieurs, toute l'histoire de l'industrie humaine, voyez dans nos musées ces produits si variés, si délicats, si pleins de style, qu'on appelle la haute curiosité; voyez quel rôle immense joue l'ornement dans ces conceptions, et vous vous direz que cette étude, qui est intermédiaire entre la rectitude géométrique et l'interprétation libre de la nature, doit occuper la deuxième place après le dessin géométrique. On me dira encore que son enseignement existe; mais comment est-il fait? S'occupe-t-on d'en faire comprendre les principes, les lois, d'en analyser les beautés, de rechercher la cause des effets, d'étudier les styles et leurs variétés, de mettre enfin les élèves à même d'exercer, sur ces sujets, leur imagination et de composer quelques fragments rudimentaires d'abord, puis plus complexes, d'une décoration quelconque? Laisser croire aux élèves que, quand ils savent copier parfaitement un modèle d'ornement de M. Carot, ils sont décorateurs, c'est expliquer comment il se fait que nos produits d'industrie moderne sont uniformément décorés, soit avec des ornements littéralement copiés du moyen âge, de la renaissance ou du XVIIe siècle, soit de fleurs naturelles ou de figures humaines imitées de quelque composition à succès. Ces emprunts à des époques qui ne sont plus ou à des arts qu'ils prostituent, couvrent la pauvreté d'invention et la nullité des études décoratives.

Ah! certes, Ingres avait raison quand il voyait avec effroi l'application de l'art à l'industrie, parce qu'il la voyait, non comme elle devrait être, mais comme elle est, c'est-à-dire se bornant à la superposition des beautés de la nature et de l'art sur les ustensiles de la vie moderne. Mais lui, qui avait rendu si amoureusement le mobilier d'Antiochus pour y encadrer sa Stratonice, aurait admis avec moi la nécessité de faire une large place dans l'enseignement de nos écoles à l'ornementation décorative.

Est-ce à dire pour cela, Messieurs, que le dessin de la figure humaine ne puisse trouver place dans les programmes qui nous occupent? Dieu me garde d'une pareille hérésie! Non, il est nécessaire de l'y laisser, d'abord parce qu'il y est, et que j'ai horreur des *réformes radicales*; puis, parce que la figure humaine joue son rôle dans nos décorations modernes, et parce qu'enfin son étude représente la forme la plus élevée du dessin, la plus digne, en un mot, de compléter l'éducation d'un véritable artiste industriel. Mais qu'on ne croie pas savoir dessiner toutes choses quand on sait mettre en place les proportions d'une académie! C'est là une erreur qu'on peut partager de bonne foi, mais que l'observation et la réflexion font reconnaître. On n'*apprend* pas, dans le sens exact du mot, à voir et à rendre les beautés de la nature, on les sent; mais on *apprend* la science du dessin géométrique et on développe les facultés inventives de l'art décoratif. La première étude ne dispense pas des autres; elle n'a que l'inconvénient, quand elle précède, de les rendre plus arides; il convient donc, suivant moi, d'apporter une certaine méthode de direction dans l'enseignement du dessin, et comme, dans l'espèce, il s'agit de perfectionner l'ouvrier, qui n'a que peu de temps à lui et qui prend sur son repos et ses loisirs les instants qu'il consacre à l'étude, il faut que cet enseignement possède trois qualités essentielles : l'*attrait*, la *méthode* et la *mesure*. Il faut qu'il vise le but promptement et qu'il l'atteigne, et que l'ouvrier parisien, dont l'instinct est si clairvoyant et l'intelligence si vive, comprenne tout de suite que ce qu'on met à sa disposition est véritablement fait pour le perfectionner dans son métier. Le jour où notre enseignement professionnel sera organisé ainsi, ce ne sera pas un millier d'élèves qui se pressera dans nos écoles, mais toute la jeunesse ouvrière.

Je crois donc que la méthode à suivre devrait consister à faire passer les élèves successivement par trois périodes d'études : la première serait celle du *dessin géométrique* et de ses applications : il conviendrait de donner de cet enseignement tout ce qui est nécessaire, et rien que ce qui est nécessaire, suivant la profession de l'élève. On comprend que toutes les carrières du bâtiment, de la mécanique et des industries secondaires, quant à la forme, se maintiendraient dans cette période d'études, qui devrait se transformer suivant la variété des directions professionnelles.

La deuxième période d'études comprendrait l'étude de la *décoration* ou de l'*ornement*; elle s'adreserait à des professions plus spéciales, où le goût intervient et où la main doit être habile, c'est celle qui correspond à ce qu'on nomme improprement *l'art industriel*. Les élèves devraient être exercés non-seulement avec le crayon et la terre glaise, mais encore avec la couleur; la décoration ne signifiant rien si l'harmonie des tons n'est pas étudiée.

La troisième période enfin comporterait l'étude de la *nature organique*, envisagée en vue des arts décoratifs, comme un complément de l'enseignement précédent et non comme une direction nouvelle dans la voie professionnelle. Cette division doit être naturellement la moins nombreuse, et il serait fâcheux qu'il en fût autrement. La figure humaine, les animaux, le paysage, les fleurs sont les moyens d'expression du grand art, et il faut tendre à ne pas en exagérer l'emploi dans l'industrie. D'autre part, il est dangereux pour l'art et pour la jeunesse de provoquer au développement du nombre des artistes.

Ces considérations présentées, il me reste, si vous le permettez, Messieurs, à vous exprimer mes idées sur l'organisation des écoles elles-mêmes. Je serai bref, ne voulant pas allonger outre mesure ce rapport déjà trop long.

Je me suis demandé souvent pourquoi les écoles de dessin, qu'on veut rendre professionnelles, sont ouvertes uniformément à toutes les professions. Nos directeurs font ce qu'ils peuvent, j'en suis convaincu; mais il y a des limites aux facultés humaines, et il ne peut se faire qu'un même professeur puisse enseigner l'ornement, le dessin des machines, la figure humaine et la géométrie descriptive. La variété de l'enseignement et des professions réunies autour d'un même maître nuit à l'émulation et oblige le professeur à des efforts considérables. Dans l'état actuel des choses, si chaque élève du cours Levasseur, par exemple, suit la direction qu'il s'est tracée, c'est une leçon particulière qu'il reçoit dans un local public; ne gagnerait-on pas considérablement à réunir dans des salles spéciales ou même dans des écoles *ad hoc*, les élèves d'une même profession. L'enseignement qui leur serait donné pourrait être mieux étudié, plus en rapport avec les besoins de l'industrie qui leur est propre, et conséquemment il gagnerait en profondeur et en intérêt. Ces écoles pourraient être placées dans les quartiers de Paris qui sont les centres de productions spéciales; rapprochant ainsi la théorie de l'école de la pratique de l'atelier, on aurait par cette combinaison :

L'école des maçons et tailleurs de pierre;
Id.   des charpentiers;
Id.   des menuisiers;
Id.   des serruriers et des mécaniciens;
Id.   des ébénistes;
Id.   des carrossiers;
Id.   des orfévres, ciseleurs, etc.;
Id.   des bijoutiers;
Id.   des peintres sur porcelaine;
Id.   des dessinateurs sur étoffe;
Id.   des sculpteurs sur bois;
Id.   des tapissiers;
Id.   des lithographes, etc., etc.

Un enseignement de cette nature serait, je n'en doute pas, la reconstitution même de l'apprentissage. Bien que libres, les élèves sortant y trouveraient des avantages par l'augmentation de salaire due à leur habileté, et conséquemment rendraient cet enseignement très-suivi, et par là, seraient constituées ces classes d'apprentis dont l'administration municipale a voulu la création et qui, à l'heure présente, n'existent pas.

Ce que j'ai dit pour les écoles subventionnées, hommes, peut être dit plus sûrement encore pour les écoles subventionnées de jeunes filles. Non-seulement les programmes communiqués témoignent de la préoccupation d'enseigner le dessin d'agrément, mais le rapport de l'inspection générale de ces écoles révèle l'ignorance la plus complète des vrais principes et des besoins de l'industrie. On y qualifie de déplorable l'étude du dessin industriel et on y préconise les études classiques du dessin. On sent que le but poursuivi ne s'étend guère au delà de la peinture des éventails et du paysage dans le fond des assiettes; on y admet la composition «.... *dont le principal sujet est pris dans les gravures anciennes et modernes et approprié à la forme de l'objet qu'il s'agit de décorer....* » C'est bien là cet art industriel qu'Ingres redoutait si fort et contre lequel il s'élevait avec l'énergie de sa haute conviction. Pour les personnes qui ont de tels principes, rien n'est sacré, elles prennent la Sainte Famille pour en faire des devants de cheminées en l'ajustant à la forme de l'ouverture, et la Vénus de Milo pour en faire des candélabres. Elles ne comprennent pas que l'art est un idéal qu'il faut respecter et que c'est amoindrir un chef-d'œuvre que d'en produire des copies industrielles. Si les élèves des écoles subventionnées sont capables de composer et d'exécuter des paysages et des sujets, qu'elles fassent de la peinture et exposent au salon; si elles ne peuvent faire que des copies secondaires ou des œuvres d'interprétation de gravures, qu'elles travaillent à la couture ou aux modes, elles rendront plus de services à l'art.

Toute la question est donc de savoir s'il convient d'encourager des jeunes filles pauvres, qui ont besoin d'un état lucratif, à faire des *études classiques* d'art pour arriver à peindre des éventails, de la faïence ou des portraits au pastel. Pour mon compte, je ne le crois pas, et j'estime que la Ville de Paris rendrait de plus grands services à l'industrie et à ces jeunes filles, en leur enseignant l'*art décoratif*, c'est-à-dire cet art du goût qui procède autant de la tradition que des ajustements des lignes, des formes de la flore et du caprice réglé qu'on appelle l'ornement. Cette étude conduirait ces jeunes filles à la composition décorative des étoffes, des tapis, des châles, des broderies, des dentelles, à la décoration ornementale des porcelaines et faïences (sans emploi de gravures anciennes et modernes); enfin, à tout ce qui sert à parer la femme ou la maison, c'est-à-dire à tout ce qui exige un goût fin, délicat et recherché. Ce serait là un programme autrement utile et autrement fécond que ces études classiques forcément incomplètes de l'art, où la prétention et la vanité s'accroissent en précédant trop souvent la déception et la misère.

L'Inspecteur général
des Travaux d'architecture de la Ville de Paris,
Membre de la Commission du Dessin,

G. DAVIOUD.

Ce 28 juillet 1874.

www.ingramcontent.com/pod-product-compliance
Ingram Content Group UK Ltd.
Pitfield, Milton Keynes, MK11 3LW, UK
UKHW020128100726
13658UKWH00005B/2421